COUVERTURE SUPÉRIEURE ET INFÉRIEURE
EN COULEUR

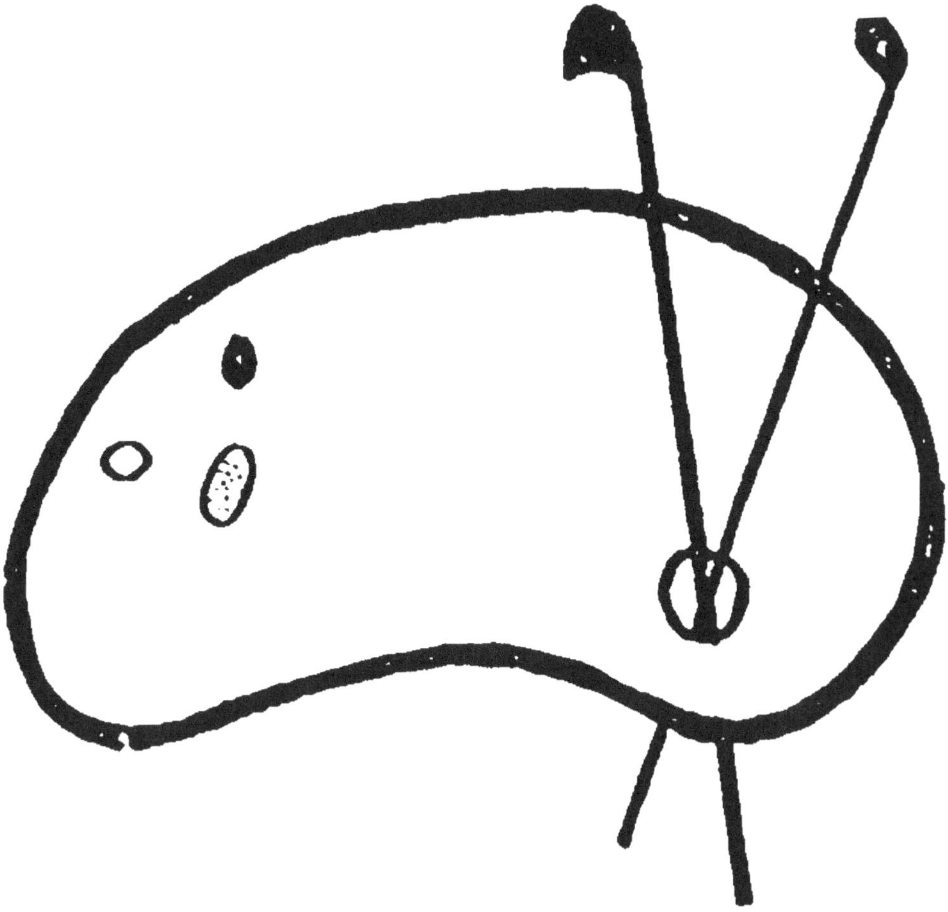

LA MER ROUGE,

EXTRAIT D'UNE ÉTUDE INÉDITE AYANT POUR TITRE

L'OCCIDENT ET L'ORIENT,

PAR M. PAUL MOURIEZ,

Membre correspondant de l'Institut égyptien.

Paris. — Imprimerie de A. E. Lainé et J. Havard, rue des Saints-Pères, 19

LA MER ROUGE,

EXTRAIT D'UNE

ÉTUDE INÉDITE AYANT POUR TITRE L'OCCIDENT ET L'ORIENT,

PAR M. PAUL MOURIEZ,

Membre correspondant de l'Institut d'Égypte.

L'entreprise du percement de l'isthme de Suez, si elle est menée à bonne fin, fera pour la mer Rouge et les contrées qui lui sont riveraines ce que l'ouverture des grandes voies de communication, dans les cités populeuses, fait pour certains quartiers perdus, en les livrant subitement au bruit, au mouvement, à la lumière ; mais l'impasse, devenue grand chemin, ne recueillera pas, sans quelque peine, les bénéfices de cette brusque transition ; certains préjugés, pour ainsi dire historiques, continueront de s'attacher aux endroits mal famés de ce coin, jadis désert, du vieux monde : déjà ne figurent-ils pas pour une part notable dans l'opposition que rencontre l'œuvre éminente patronnée par S. A. Mohammed-Saïd, et poursuivie avec tant de constance par M. Ferdinand de Lesseps ? Ces préjugés seront d'autant plus difficiles à déraciner que, sans être dépourvus de toute espèce de fondement, ils ont eu et ont encore pour propagateurs des intérêts dont, malheureusement, la vérité est le moindre souci.

Car ce n'est pas d'hier que la mer Rouge jouit de cette mauvaise réputation; les anciens auteurs, Arrien, Strabon, Artémidore, s'accordent tous à faire une peinture terrifiante des dangers de la navigation dans les mers arabes. De leur temps, on ne se hasardait sur ces flots redoutés qu'après avoir sacrifié aux dieux, et on n'en revenait pas sans témoigner, par de nouvelles actions de grâce, combien avaient été grands les périls auxquels on avait échappé. On s'explique, à la rigueur, l'exagération des auteurs de l'antiquité : elle ne faisait que reproduire celle des voyageurs, dont ils étaient obligés de suivre les récits; mais, plus tard, les géographes arabes ont échappé à cette cause d'inexactitude, et devaient pertinemment connaître les mers attenantes à leur pays. Cependant on ne voit point qu'ils aient cherché à diminuer les appréhensions des navigateurs; c'est un tableau plus rembruni encore que nous offre le plus illustre d'entre eux, *Édrici,* qui vivait au douzième siècle de notre ère. Voici comment il s'exprime sur la mer Rouge : « Les profondeurs « de cette mer sont remplies de bancs de sable, sur lesquels « périssent les navires; en sorte qu'il n'y a que les navigateurs « expérimentés et connaissant ces écueils cachés ou les pas- « sages praticables qui osent s'y hasarder... Cette mer est « tellement périlleuse qu'on ne s'y risque pas à marcher la « nuit; on mouille de jour dans quelque endroit conve- « nable, et l'on n'en repart que de jour; elle est sujette à des « orages affreux et semée d'îles inhospitalières... Enfin, » ajoute-t-il avec naïveté et après avoir énuméré, comparative- ment, les richesses et les avantages des autres mers, « celle-ci « ne produit que de l'ambre, et *encore* vient-il de la mer de « l'Inde. »

Si l'on veut bien remarquer, toutefois, qu'au temps d'É-
drici les Arabes étaient en possession exclusive du riche
commerce de l'Inde, dont une part notable se faisait par la
mer Rouge, on pensera, sans doute, que le soin jaloux avec
lequel ces peuples gardaient un si précieux monopole se sera
fait jour jusque dans les écrits de cet auteur, et sa concor-
dance avec les anciens, sur le point de l'impraticabilité de
cette mer, pourra être regardée plutôt comme un sacrifice
au désir d'éviter des concurrents à ses compatriotes, que
comme un hommage à la vérité. On ne trouve rien d'extrême
à cette opinion, lorsqu'on voit la question, prolongée jusqu'à nos jours, se présenter exactement dans les mêmes ter-
mes, et provoquer, de la part de certains opposants, un té-
moignage identique, et certes non moins suspect.

Cette tare à mettre de tout temps aux meilleures sources
d'informations sur la mer Rouge, pourrait suffire à suspendre
le jugement de tout homme sensé ; mais, sans recourir à une
discussion *ex professo*, le simple historien peut apporter ses
raisons contradictoires, en remontant un peu le cours du
passé, et faire voir, par certains événements dont le golfe
Arabique a été le théâtre, que cette contrée n'est pas aussi
inaccessible ni aussi inhospitalière qu'on s'est plu à le ré-
pandre. C'est cet objet restreint dans lequel je veux me ren-
fermer.

Si accrédités que fussent d'ailleurs les dangers signalés par
l'expérience, ils ne constituaient, pour un côté du caractère
de l'explorateur, qu'un attrait de plus ; quant au marchand,
c'était un genre d'obstacles dont l'effet ne devait se produire
que sur le prix des articles de son négoce : c'est donc chose
anomale, au milieu des vastes entreprises qui caractérisent

l'esprit des sociétés modernes, que ce complet oubli dans lequel on a rejeté la mer Rouge, que cette tradition, consacrée sans examen approfondi, de périls, non pas imaginaires, mais tenant essentiellement à l'imperfection de la nautique ancienne, — car la navigation côtière et indigène de la mer Rouge n'a pas fait un seul progrès depuis quatre mille ans. Pour que ce berceau du genre humain ait été moins favorisé que des contrées qui datent de quelques jours, pour ainsi dire, dans la connaissance des hommes, il a fallu deux causes: d'abord, le fait qui a rangé ces parages sous la loi musulmane, et, en second lieu, la découverte d'une route libre, quoique longue, d'Europe aux Indes. Ces causes, je ne suis pas le premier à les signaler, mais il me semble qu'on les a mal appréciées dans leur influence respective. En général, on a l'esprit trop vivement frappé de la décadence des sociétés islamiques ; cette décadence, si sensible de nos jours, et dont on escompte imprudemment le terme, est aussi tenue de trop de responsabilité dans le passé. Dans plusieurs publications récentes, ayant trait au sujet qui m'occupe, on accuse la susceptibilité ombrageuse des musulmans d'avoir toujours fermé aux nations chrétiennes l'accès de leur pays, et de s'être sans cesse opposée à la diffusion des lumières : on oublie, ce me semble, qu'à l'époque où la civilisation arabe jetait son plus vif éclat, la barbarie étendait son lourd réseau sur la plus grande partie de l'Europe ; que les Arabes ont été nos précurseurs dans les sciences et dans les arts, que toute la période dite du moyen âge a vécu, à cet égard, de leurs restes, et n'a pu porter l'esprit humain un pas au delà du point où ils l'avaient fait parvenir. Leurs conquêtes et leur commerce précédèrent les Portugais partout où, cinq siècles plus tard, ce petit peuple porta l'énergie de son activité et l'action colonisatrice. Longtemps avant Christophe Colomb, les aventuriers arabes nommés les *Almaguivins* firent voile de Lisbonne et arrivèrent, dit-on, aux terres occidentales, au delà de ce qu'ils appelaient la mer Ténébreuse ou Atlantique; mais, sans donner à cette assertion plus de valeur qu'elle n'en mérite, n'est-il pas certain que cette ardeur de voyages et de découvertes, qui inaugura la splendeur des temps modernes, prit naissance dans la péninsule ibérique, le premier et le seul point de l'Occident où les Arabes aient réussi à s'établir, qu'ils façonnèrent de leurs mains, et qui a gardé la marque indélébile de leur génie? El Édrici, Aboufédi, El Batouta, voyageurs et cosmographes arabes, avaient devancé les Marco Polo, Diaz, Christophe Colomb, Cabral, etc.; l'Inde, le pays des mystères pour l'antiquité, n'en avait plus pour eux; leurs explorations s'étendaient jusqu'en Chine, et lorsque Vasco de Gama aborda le canal Mozambique, après avoir doublé le cap des Tempêtes, il fut tout étonné de trouver les Arabes établis à Sofala, et la religion de Mahomet florissante sur toute la côte orientale d'Afrique.

Ces faits, bien appréciés, doivent exonérer l'islamisme dans la question qui nous occupe, et contribuer à reporter la cause effective des événements aux tendances qui se développèrent dans l'Occident du monde. En effet, les dernières années du quinzième siècle et les premières du seizième forment la limite critique où la civilisation et la puissance arabes, déchéantes ou tout au moins stationnaires, sont atteintes et enfin dépassées par l'essor spontané des nations chrétiennes. Les dates ont ici une signification qui tient lieu des meilleurs arguments, et on me permettra d'insister sur quelques-unes.

En 1486, Barthélemy Diaz, amiral portugais, avait été envoyé avec trois vaisseaux à la recherche du prêtre Jean, ce monarque fabuleux, dont la puissance égalait la bonté, et qu'on cherchait partout, en Afrique, en Arabie, dans l'Inde : existence légendaire qui fut le plus vif stimulant aux travaux de cette époque. Diaz s'avança le long de la côte occidentale d'Afrique jusqu'au 24e parallèle sud, et fut poussé par une tempête au delà de tout ce qui était alors connu. Il ne recueillit aucun indice sur le prêtre Jean ; mais, en revenant, il vit, le premier, le cap de Bonne-Espérance, qu'il avait dépassé d'une grande distance ; et dès lors il fut acquis qu'en doublant ce promontoire, on pourrait s'ouvrir une nouvelle route jusqu'aux Indes. Des rapports venus d'autre part corroborèrent cette idée. Le roi de Portugal avait concurremment chargé le capitaine Pierre Covilham de pénétrer dans l'Inde par la voie de terre, et de se mettre, de son côté, en quête du prêtre Jean ; à cet égard, les informations de Covilham n'en apprirent pas plus que celles de Diaz ; mais elles furent précises en des points importants, et s'accordèrent à signaler la possibilité du passage par le sud. Covilham, après avoir longé l'Arabie jusqu'à Aden, où il s'embarqua, parcourut les mers de l'Inde dans tous les sens, visita Calicut, Cononor, Goa, puis se dirigea sur Sofala, dans le dessein d'explorer l'île de la Lune, qu'on a nommée depuis Madagascar, et qui avait la réputation de recéler de vastes mines d'or. De là, il rentra dans la mer Rouge et vint en Abyssinie. Le roi de ce pays le traita magnifiquement, le retint à sa cour, où Covilham, marié et comblé d'honneurs, acheva sa carrière. Lui seul put se flatter d'avoir enfin trouvé un véritable prêtre Jean.

Le passage aux Indes était donc, comme on dit de nos jours, une question mûre, et, le 20 novembre 1497, Vasco de Gama doubla le cap à la tête de cent soixante hommes d'équipage, répartis sur trois caravelles; il vit la côte d'Afrique s'étendant au Nord, et la suivit sans trop s'en écarter, aidé des renseignements qu'il puisait de localité en localité: c'est ainsi qu'il arriva à Calicut en mars 1498. Accueilli avec faveur par le roi de Mélinde, ce dernier lui donna un pilote expert, qui, en voyant l'astrolabe dont les Portugais se servaient pour prendre la hauteur méridienne du soleil, leur assura que les marins de la mer Rouge employaient un instrument tout pareil.

Dans l'intervalle des deux expéditions de Diaz et de Vasco de Gama, en 1492, Ferdinand le Catholique et Isabelle, par la conquête du royaume de Grenade, chassèrent définitivement les Maures d'Espagne, où leur domination durait depuis huit siècles, et, en 1493, Christophe Colomb avait découvert l'Amérique, faisant vœu de consacrer la plus grande partie des richesses que son entreprise lui rapporterait à reprendre les lieux saints aux infidèles. L'ambition et les rivalités des princes chrétiens en ordonnèrent autrement, et ce but, pour lequel les croisades furent instituées, ne fut jamais atteint. Mais les croisades avaient eu un autre résultat, celui de porter la désorganisation au sein des empires islamites, et de rompre l'unité de la civilisation arabe; car ce fut à la faveur de ces guerres sanglantes que les mamelouks parvinrent à usurper l'autorité en Égypte et sur les rives de la mer Rouge. Avec leur gouvernement et celui des Turcs, qui en est contemporain, la rétrogradation s'installa au faîte de la société musulmane. Mamelouks et Turcs peuvent aussi être considérés comme le même contre-coup de l'irruption de Gengiskan : les premiers étaient les captifs du Mogol, rachetés par les descendants de Saladin; les seconds composaient les tribus qui, fuyant devant lui, vinrent, au commencement du treizième siècle, s'établir dans l'Arménie : les uns et les autres se distinguèrent par leur valeur dans les combats, mais substituèrent le régime exclusif de la force aux traditions éclairées des califes abassides et fatimites.

Cependant, le transit du grand commerce de l'Inde par l'Égypte et la mer Rouge étant resté sur les possessions des mamelouks, entretint, pendant près de trois siècles, leur opulence et leur autorité. Leur revenu principal consistait dans les droits dont ils frappaient les marchandises à l'entrée et à la sortie, et qui, quelque considérables qu'ils fussent, n'empêchaient point ce commerce de réaliser d'énormes bénéfices. Au moyen âge, les républiques maritimes de l'Italie s'étaient emparées de la navigation méditerranéenne; Venise, un moment balancée par Gênes, acquit enfin la suprématie et imposa en quelque sorte ses comptoirs à Alexandrie et au Caire. Elle fut là sans rivale, et la portion des échanges de l'Inde qui ne passait pas par ses agents s'effectuait par la voie du golfe Persique et de la vallée de l'Euphrate. Cependant la navigation intérieure des mers arabiques ne sortit point des mains des Arabes, et l'extrême Orient continua d'être lettre close pour l'Europe, à ce point qu'on n'y connaissait pas les endroits de provenance des princ', aux articles du commerce, et que le cardamome, l'encens, l'aloès, l'ambre gris, furent toujours considérés comme des parfums particuliers à l'Yémen, qui, pour cette raison, fut appelé *Arabie Heureuse*.

La découverte du cap, la route directe frayée, les établissements rapides des Portugais sur la côte du Malabar, à Ormuz, à l'embouchure du golfe Persique, enlevèrent aux Arabes leur dernier prestige : cette mer Rouge, naguère l'objet d'une si inquiète curiosité, s'annihilait, pour ainsi dire, devant la grandeur et l'étendue des éventualités que faisait briller aux yeux du vulgaire la route nouvelle ; ce n'était plus qu'une impasse, désormais abandonnée à la seule notoriété des préventions qui l'avaient toujours entourée. Pour lutter contre une concurrence si vivement exploitée par une jeune nation qui aspirait à la richesse et à la vie politique, pour faire valoir les avantages de plus courte distance que présentait encore la voie d'Égypte, il aurait fallu aux Arabes toute leur vigueur primitive ; il leur aurait fallu, surtout, des chefs plus intelligents et plus actifs que les mamelouks.

Les Vénitiens, que le coup n'atteignait pas moins que les musulmans, cherchèrent à réveiller chez ceux-ci l'énergie, et leur persuadèrent d'équiper une flotte pour étouffer, dans son germe, la grandeur des Portugais ; et, comme les mamelouks n'avaient pas même l'apparence d'une felouque armée sur la mer Rouge, Venise fournit les bâtiments qui, apportés démontés, furent transportés à dos de chameaux du Caire à Suez (1). La flotte des mamelouks ne put mettre à la voile qu'en 1508 ; elle eut affaire au grand d'Albuquerque, qui la détruisit. À la suite de cette victoire, le héros portugais débarqua des troupes en Abyssinie et fit alliance avec le roi

____

(1) Au commencement de ce siècle, Méhémet-Ali, voulant faire passer ses troupes en Arabie, suivit cet exemple, et employa au transport des matériaux façonnés de sa flotte à travers le désert, 18,000 chameaux pendant un mois.

chrétien de ce pays. C'est là qu'il conçut l'audacieux projet de mettre l'Égypte à sec en détournant le Nil dans la mer Rouge, et l'aurait exécuté si la mort ne fût venue le surprendre.

C'est à la même époque qu'il fut question, pour la première fois en Europe, de percer l'isthme de Suez ; les Vénitiens, désespérés de la défaite des mamelouks, jugèrent qu'il n'y avait que la communication des deux mers qui pût les mettre à même d'accabler leurs rivaux du poids de toutes leurs forces : ils en firent très-sérieusement la proposition au sultan mamelouk, Kamsous-el-Gauri. Venise était alors assez puissante pour mener à fin cette grande entreprise, et les objections que pouvaient y faire les possesseurs de l'Égypte se réduisaient à celle qui se fondait sur l'antique croyance à une surélévation du niveau de la mer Rouge par rapport au sol de la vallée du Nil, crainte qui paraît avoir dominé toute l'antiquité pharaonique, persane, grecque ou romaine, et qui a présidé à l'œuvre incomplète et restreinte du canal du Nil à Suez : les anciens, en effet, avaient paré à cette difficulté imaginaire par des travaux d'endiguement dont on retrouve encore les traces à Suez. Les Vénitiens se seraient contentés de rétablir le canal primitif, puisqu'ils n'avaient pas d'autre objet que de faire passer leurs galères dans le golfe Arabique. La ligue de Cambrai, conclue sur ces entrefaites, fut le vrai motif qui les força d'abandonner ce projet et de pourvoir à la sûreté de leur république, bien autrement menacée en Europe. Dans l'intervalle nécessité pour l'apaisement de cet orage, une grande révolution eut lieu en Égypte : Sélim Ier, profitant, suivant la politique traditionnelle des sultans de Constantinople, des démêlés de l'Occident pour s'étendre en Orient, avait envahi la Perse, conquis la Syrie, puis marcha vers les bords du Nil. Kamsous-el-Gauri, ce vieillard de quatre-vingts ans, périt dans une bataille où vingt-cinq mille de ses braves guerriers mordirent la poussière, foudroyés par l'artillerie turque, et l'héroïque Touman-Bey, son successeur, après avoir soutenu, dans le Kaire, un assaut qui dura trois jours et trois nuits, fut pris et pendu à l'une des portes de la ville par l'ordre du farouche vainqueur. L'Arabie, enchaînée au sort de l'Égypte, était passée sous la domination de Sélim, qui, le premier entre les souverains de Stamboul, prit le titre de *protecteur et serviteur des deux villes saintes de la Mecque et Médine*. Ces événements avaient eu lieu en 1517.

Quand la république sérénissime se fut affranchie des dangers que la coalition du pape, de la France, de l'Empire et de l'Espagne tenait suspendus sur sa tête, quand la mort de Maximilien eut fait poindre la grande compétition de François Ier et de Charles d'Autriche pour le sceptre impérial, Venise revint à son idée d'anéantir la prospérité portugaise, qui, pendant cette crise, n'avait cessé de grandir. Alors les comptoirs des Portugais s'étendaient du canal de Mozambique aux îles de la Sonde ; déjà maîtres de la mer Rouge par leur alliance avec le Négous d'Abyssinie, ils venaient encore, par la conquête d'Ormuz, de s'emparer du dernier débouché du commerce de l'Inde : du cap de Bonne-Espérance à Canton, quarante mille hommes à peine dictaient des lois à ces innombrables tyrans de l'Orient, qui avaient appris à considérer le Portugal comme la première puissance du monde.

Le passage à travers l'isthme de Suez était plus que jamais

la seule chose propre à relever Venise et à porter le coup
fatal aux Portugais; aussi la république se lia-t-elle étroite-
ment avec le Grand Turc, son plus ancien ennemi, pour lui
faire agréer la proposition déjà faite aux mamelouks; mais
la politique et la religion s'accordaient à la rendre inaccep-
table pour Sélim. Il ne pouvait guère se flatter, avec Venise,
d'une paix qui outre-passât la durée de leur communauté
d'intérêts, et d'ailleurs il voyait toutes les puissances maritimes du monde introduites dans la mer Rouge à la suite des
Vénitiens. Au moment où il venait de placer la puissance
ottomane au centre de l'islamisme, en prenant la suzeraineté
des villes saintes, eût-il été sage à lui de laisser percer la
ligne infranchissable des déserts qui les défendent, et de les
exposer aux attaques de la chrétienté? Venise trouva donc
Sélim sourd à toutes les raisons qu'elle put lui donner; mais,
irrité lui-même contre les Portugais, qu'il n'avait aucun
moyen d'atteindre directement, il consentit à grever de taxes
considérables les marchandises expédiées de Lisbonne dans
les ports ottomans, et à admettre au contraire en franchise
de droits celles qui venaient d'Alexandrie.

C'était quelque chose pour Constantinople, ce n'était rien
pour Venise; car cette mesure ne protégeait que la seule voie
directe de l'Inde à la capitale ottomane, par Trébizonde et
Tauris, qui ne fût pas au pouvoir des Portugais, et on peut
dire que le reste du monde était livré à leur trafic: partout
il arrivait aux Vénitiens ce qui leur était arrivé la dernière
fois qu'ils s'étaient présentés à Lisbonne pour y vendre, suivant leur habitude, les produits de l'Inde : on leur en offrait
à des prix inférieurs à ceux qu'ils demandaient. Or veut-on
un aperçu des articles d'échange qui, d'un seul coup, déser-

taient leur négoce pour passer à celui de leurs rivaux? c'é-
taient le girofle des Moluques, la noix muscade de Banda,
le poivre et le gingembre de Malabar, la cannelle de Ceylan,
l'ambre des Maldives, le sandal de Timar, le benjoin d'A-
chem, le bois de Tek, les cuirs de Cochin, l'indigo de Cam-
baye, les bois de Solar, les chevaux d'Arabie, les tapis de
Perse, les soieries, les damas, les porcelaines et le musc de la
Chine, les tissus de Bengale, les cachemires, les perles de
Calcar, l'ivoire du Népaul, les diamants de Narsinga, les
rubis de Pégu, l'or de Sumatra, enfin l'argent du Japon. Et
à cette époque de luxe des cours et de pompe religieuse, les
hautes classes fournissaient, plus que de nos jours peut-être,
des consommateurs pour les riches articles; quant à l'usage
de ceux d'un plus bas prix, et surtout des épices, il était,
dans toute l'Europe, passé à l'état de mode ou de manie, dont
le plus pauvre même avait peine à se défendre.

En 1521, Venise, réduite aux abois, fit au roi de Portugal
la proposition de lui acheter à un prix déterminé toutes les
épices qui arriveraient à Lisbonne, prélèvement fait de celles
qui étaient nécessaires à la consommation intérieure du
royaume. Cette offre fut repoussée. Bientôt la République
fut encore distraite de ces désastres par la guerre qui se ral-
luma entre elle et le sultan, au sujet de ses possessions de
Grèce et de l'Archipel. Cependant, comme son économie in-
time était fondée sur le développement excessif de l'activité
commerciale, celle-ci, venant forcément à se ralentir, devait
amener son amoindrissement militaire, et enfin sa chute politique. Qu'on consulte l'histoire : aucune nation exclusive-
ment marchande n'a échappé à cette loi fatale. Venise, à cet
égard, ne s'inquiéta pas plus des leçons fournies par les peu-

ples qui l'avaient précédée que son exemple ne devait être profitable à ses successeurs. Le Portugal fut le premier à suivre ses traces et ses errements, et parcourut beaucoup plus vite sa phase ascendante, par cette raison même que Venise lui laissa le champ libre : mais son déclin offrit aussi moins de gradations, et un siècle ne s'était pas écoulé que son sceptre était passé en d'autres mains.

Quand je dis que les Portugais furent laissés à leur courte et glorieuse carrière, il ne faut pas entendre qu'ils restèrent absolument sans agressions à subir, sans de graves obstacles à surmonter. Dans la même période, la puissance ottomane atteignait à son apogée sous Soliman le Grand, qui succéda à Sélim en 1520, la même année que Charles-Quint ceignit la couronne impériale. Bien que Soliman dirigeât ses plus grands efforts à l'ouest et au nord pour augmenter son domaine aux dépens de l'Europe, qu'il se fût emparé de Bude et de Belgrade, considérés alors comme les boulevards de la chrétienté, il employa tous les instants de répit que lui laissa cette lutte géante : il envahit la Perse et voulut avoir une main dans les affaires d'Asie ; pour d'autres raisons que celles du commerce, il ne devait donc pas manquer de se heurter contre les Portugais, et n'était déjà que trop froissé de les voir établis solidement à l'entrée des deux golfes où flottait l'étendard du croissant.

L'occasion qu'il cherchait lui fut offerte par plusieurs princes indiens qui, également pressés par les Portugais et par l'empereur mogol, ou vinrent se réfugier auprès de lui, ou sollicitèrent son appui. Parmi ces derniers fut un prince de Goudjourate, auquel les Portugais avaient pris le port de Diou, et dont ils menaçaient tellement le reste des posses-

sions, que celui-ci avait jugé à propos d'envoyer son trésor
à la Mecque. Son ambassadeur apporta à Soliman de riches
présents, parmi lesquels on remarqua, — et il y avait certai-
nement lieu de le faire, — une ceinture estimée soixante cro-
rés : or chaque croré équivalait à cent mille ducats. Soliman
résolut de secourir le souverain de Goudjourate, et l'ordre
fut transmis à Soliman-Pacha, gouverneur d'Égypte, de pré-
parer des armements et d'équiper une flotte sur la mer
Rouge ; mais ces préparatifs n'étaient pas achevés qu'on ap-
prit la mort du prince indien, que les Portugais avaient fait
assassiner. Le sultan se considéra comme l'héritier du défunt,
au double titre de son protecteur et de celui de la cité sainte
où les trésors avaient été déposés, et il ordonna qu'on les fît
venir de la Mecque à Constantinople. Ils consistaient, dit-on,
en trois cents coffres remplis d'or et d'argent.

L'expédition n'en fut pas moins poussée avec vigueur, et
au commencement de l'été de 1538, au moment même où
Barberousse sortait des Dardanelles pour aller soumettre les
îles de l'Archipel, l'eunuque Soliman-Pacha, octogénaire et
chargé d'embonpoint, — il fallait quatre hommes pour l'ai-
der à se lever, — mettait à la voile de Suez, avec une flotte
de soixante-dix voiles, portant vingt mille hommes de troupes. L'âge et l'obésité n'avaient pas éteint l'activité de ce pacha ; sa mutilation même ne porta jamais atteinte à la trempe
énergique de son caractère, s'il faut en croire les historiens
ottomans (1). Grand nombre de Vénitiens étaient à bord de
la flotte turque : c'étaient des esclaves enlevés sur les bâti-

____

(1) « *Bi chassle deurt khasslelu kibi*, » dit l'un d'eux, c'est-à-dire : « *sans
cœur*, — à la manière du chevalier de Boufflers, — « *il avait du cœur pour
quatre*. »

ments marchands depuis la rupture de la paix, et enrôlés de force dans la marine ottomane. Ce fait a induit quelques historiens en erreur, en leur donnant à supposer que Venise avait été l'alliée des Turcs dans cette expédition : il n'en fut rien, car à cette époque la République était liguée avec l'Espagne et le pape contre ces mêmes Turcs, et la coalition venait de perdre la bataille navale de Prévesa.

Quelques semaines après son départ, Soliman-Pacha jetait l'ancre devant Aden. Un prince arabe, Émir-ben-Daoud, régnait dans cette ville, naguère le principal entrepôt du commerce de l'Inde avec la mer Rouge et l'Égypte. Soliman, pressé de se mesurer avec les Portugais, n'avait pas le temps de faire le siége de la place : il simula donc les intentions les plus pacifiques, et, sous un prétexte plausible, attira Ben-Daoud à bord de son vaisseau amiral. Quand il l'eut ainsi sous la main, il changea de langage, et lui intima d'avoir à se démettre de son autorité en faveur du glorieux Padichâ ; ce que refusant obstinément le malheureux prince, il le fit pendre à la vergue du grand mât. Cette exécution décida la ville à se rendre sans coup férir. Grâce à la même ruse, Soliman s'était déjà emparé de Sébid, et l'émir de cette localité avait eu un sort tout pareil à celui de Ben-Daoud. Le pacha laissa dans l'une et l'autre place des gouverneurs au nom du sultan, et poursuivit sa route. Il débarqua ses troupes sur les côtes de Goudjourate, prit d'assaut les deux forts de Kouké et de Kat, et vint mettre le siége devant Diou, dans les premiers jours d'octobre. On vit là de ces fameux canons monstres dont les Ottomans se servaient depuis le commencement du siècle, et qui lançaient des boulets du poids de près d'un quintal. On s'étonnera moins sans doute de la possibilité de fondre de pareilles pièces à cette époque, que du fait de leur transport sous les murs de Diou dans l'océan Indien, à travers l'isthme de Suez et la mer Rouge. Malgré cette formidable artillerie et leur furieuse valeur, les Ottomans ne purent venir à bout de la garnison portugaise et de son héroïque commandant, Antoine da Sylveira; bientôt la disette se fit sentir dans le camp de Soliman, car, loin que l'entreprise des Turcs trouvât un auxiliaire dans le nouveau roi du Goudjourate, celui-ci redoutait ses protecteurs au moins à l'égal des Portugais, et prit même le parti de traiter secrètement avec ces derniers; aussi répondit-il évasivement à l'injonction que lui fit Soliman d'apporter des vivres à son camp, et il n'obtempéra pas davantage à l'invitation reitérée de se rendre à bord de la flotte, lorsque Soliman, pressé par la nécessité, s'y fut rembarqué avec tout son monde : bien lui en prit assurément, l'exemple des deux émirs de la mer Rouge est là pour le démontrer. Soliman reprit le chemin de l'Égypte, et fut de retour à Djedda le 3 mars 1539. Son expédition avait duré dix mois : l'objet principal en fut manqué, mais la conquête de l'Yémen et d'Aden formait à cet insuccès une assez belle compensation, et le sultan n'épargna à son lieutenant ni les marques de satisfaction ni les récompenses.

Telle fut la principale, on pourrait même dire l'unique tentative des Turcs pour s'opposer à l'extension des Européens dans l'Inde; leur fortune, qui commença à pâlir après la mort de Soliman, leurs démêlés avec la Perse et avec les puissances limitrophes de la chrétienté, détournèrent forcément leur attention des parages indiens. La mer Rouge retomba donc dans son état de lieu de transit abandonné et de

voie déserte; d'ailleurs l'Égypte et l'Arabie relâchèrent peu
à peu les liens qui les unissaient à la métropole : un siècle
plus tard, l'autorité de la Porte n'était plus que nominale
dans ces deux pays.

En Europe, le déclin de la féodalité catholique était com-
mencé; Luther avait paru, et les pouvoirs temporels, tenus
en haleine par les querelles religieuses, ne purent, dans le
principe, soumettre à aucun contrôle l'activité d'outre-mer
des peuples de la Péninsule hispanique; quant à la papauté,
elle n'intervint dans la question que pour édicter cette fa-
meuse distribution méridienne des pays conquis entre les
rois d'Espagne et de Portugal, sans l'ombre d'une réserve
en faveur de cette nouvelle et malheureuse portion dont
s'augmentait la famille humaine. Comme les Portugais dans
les Indes, les Espagnols au Pérou exercèrent donc sans obstacle leur tyrannique avidité; mais les uns et les autres, en
s'abandonnant à leur soif démesurée de richesses et de jouis-
sances, en opprimant impitoyablement les populations qu'ils
avaient leurrées de leurs promesses, jetèrent eux-mêmes les
germes de leur décadence. L'absence de concurrents fit leur
sécurité momentanée; mais le contre-coup des événements
d'Europe ne devait pas tarder à leur en susciter. Les secous-
ses qui se produisirent dans la monarchie de Philippe II
amenèrent cette inévitable réaction. A dix ans de distance,
de 1570 à 1580, l'Espagne perdit les Pays-Bas et acquit le
Portugal. Cette grave oscillation d'une des plus grandes
puissances du monde modifia l'équilibre général; les Hollandais, délivrés du joug, donnèrent un libre essor à leur
activité maritime; ils allèrent naturellement l'exercer dans
le champ déjà labouré par les Portugais, devenus leurs en-

nemis : ils portèrent dans l'Inde cette patience flegmatique,
cette économie froide, cet esprit d'ordre et de menus détails
qui les distinguent et qui ont fait de leur existence une per-
pétuelle conquête sur la nature. Tandis que les Portugais,
négociants-soldats, exterminaient tout ce qui leur résistait,
les Hollandais procédaient par les traités et les caresses, et
récoltaient partout les fruits de l'animadversion semée par
leurs rivaux ; non qu'ils fussent répugnants à la guerre, car
ils en soutinrent une opiniâtre contre les Portugais et fini-
rent même par y avoir l'avantage. Ces derniers, d'ailleurs, à
la nouvelle de la réunion de la mère patrie à l'Espagne,
avaient protesté avec indignation et proclamé leur indépen-
dance, résolution qui faisait plus d'honneur à leur patrio-
tisme qu'à leur prudence.

La prospérité des Hollandais ne dura pas plus d'un siècle :
il semble que ce laps de temps constitue le terme supérieur
de vitalité accordé par la Providence à ces empires fondés
par la spoliation et n'ayant pour moyens et pour but que
l'exploitation la moins scrupuleuse de ces classes déshéritées
de l'humanité ; car ce commun caractère a affecté les établissements successifs des Européens dans les Indes, et l'intérêt
que chaque nouveau venu dans la lice manifestait pour les
indigènes n'était que le masque d'une ambition toute sem-
blable à celle de ses prédécesseurs, masque qu'il rejetait absolument dès que le succès l'avait rendu inutile. Si quelque
chose qui ressemble à une exception peut être signalé, je
suis heureux de le revendiquer pour la France, dont la domination dans ces parages se montra plus jalouse de réglemen-
tation qu'avide et tyrannique ; aussi alla-t-elle plus loin que
toute autre dans la confiance des Indiens, et parut-elle en

mesure d'établir son autorité sur les bases les plus solides, surtout lorsqu'elle eut rencontré, en Dupleix, un délégué qui joignait l'équité à la fermeté du caractère, et l'étendue de l'esprit à la modération. Malheureusement l'état de l'Europe devait toujours réagir sur les événements dans l'Inde. Les Anglais étaient alors bien près d'atteindre à la suprématie maritime, but constant de leurs efforts depuis deux siècles ; jeunes ou vieilles, l'Espagne et le Portugal, aussi bien que la Hollande et le Danemark, toutes les nations maritimes avaient baissé leur pavillon devant l'étendard victorieux d'Albion ; seule, la France pouvait encore lui tenir tête, et des défaites irréparables n'avaient pas étouffé chez elle les traditions des Tourville, des Duguay-Trouin, des Duquesne : mais l'ignominie du gouvernement de Louis XV la livra sans défense à ses ennemis, et les vastes conceptions de Dupleix ne furent point comprises ou elles furent redoutées. Ce grand homme voulait fonder pour un avenir qu'on ne demandait qu'à escompter ; il offrait de la gloire là où on ne recherchait que du profit, des lauriers au lieu de dividendes. La Compagnie des Indes, qu'il illustrait, fut la première à le honnir. Les Anglais, qui l'appréciaient à sa juste valeur, s'attachèrent à le représenter à la cour de Versailles comme un boutefeu, un brandon de discordes, et le seul obstacle à la paix qu'on négociait. Dupleix fut sacrifié. On le rappela, et il expia, par neuf années de misère et d'abandon, le rêve qu'il avait fait de rendre sa patrie grande entre toutes. À peine eut-il quitté les Indes que les Anglais se mirent à réaliser ses plans pour leur propre compte, et commencèrent dans l'Inde l'édification de ce vaste empire dont l'accroissement continu est devenu le premier souci, on pourrait même dire la nécessité fatale de leur politique. Il n'est pas difficile de démontrer que toutes les guerres qui ensanglantèrent le monde, dans la dernière partie du siècle passé et la première de celui-ci, prennent leur origine dans l'impérieux besoin pour l'Angleterre de se consolider dans ses nouveaux domaines, et d'en écarter tous les rivaux ; c'est ce qui résultera, je l'espère, de la suite de cette étude, où nous verrons reparaitre encore plusieurs fois la mer Rouge et les conflits d'intérèts dont elle a été et doit être inévitablement l'occasion jusqu'au jour, — prochain, il faut l'espérer, — où elle sera ouverte et neutralisée.

www.ingramcontent.com/pod-product-compliance
Lightning Source LLC
Chambersburg PA
CBHW051357050726
47595CB00006B/2597